De: _____

Para: _____
meu ☙ valentim

Amor, Sonetos?!

POESIA

AUTORA
Cláudia Cassoma
www.claudiacassoma.com

TÍTULO
Amor, Sonetos?!

COLECÇÃO
Meu Valentim
Livro III

COMPOSIÇÃO GRÁFICA
Cláudia Cassoma / Kujikula

EDITORA
KUJIKULA
kujikula@gmail.com

ISBN: 9781732665361

1ª Edição — 1 de Fevereiro de 2020
Todos os Direitos Reservados
© 2020 Cláudia Cassoma & Kujikula

CLÁUDIA CASSOMA

Amor, Sonetos?!

COLECÇÃO MEU VALENTIM

Do Wilson.

Porque sim.

Sonetos de amor,
com amor,
para o amor,
sobre o amor.

Rogos ao Ímpeto

o fenómeno

primeiro o coração sentiu um frio
o corpo resmungou com arrepio
cada contração uma enorme vontade
ainda uma despercebida verdade
logo a mente experimentou um vazio
o coração pagou pelo extravio
estreitou, pesou, se viu metade
mas já certo da sua parte ausente
olhar repleto de certeza e brio
cada piscar era um roxo assobio
lábios temeram vulgaridade
até a alma se entregar ao cio
todo segundo oco, um beijo tardio
uma conta à parte, orgasmo ausente

a atracção

agora noutro acúmulo de corpos
perdidos estavam também os nossos
certamente não foi encanto folclórico
vivemos um rico momento histórico
passaram por nós mais três outros ventos
e transbordamos os nossos desejos
consumando nosso beijo primeiro
nos fizemos, e nos conheceu o mundo
com a vontade estampada nos olhos
todo medo correndo pelos poros
sim, tinha de ser assim desse jeito
nos convertemos em seres inteiros
nos abraçamos imperfeitos, feitos
e foi esse o deslumbramento primeiro

a sensação

isso é um calor abrasador
isso é uma ardência cintilante
é chama que se tocar causa dor
tamanho esbraseamento na gente
tem seu vermelho bem no interior
e tem dor por tudo quanto é parte
é ilhó sem real ataca-dor
forte chaga no coração da gente
amor é um inverno com ardor
sentir com explicação só pra gente
nosso amor é um deserto com flor
nenhum outro leva poder maior
amor é purificador de gente
e esse é de inconfundível sabor

a avidez

por um beijo dado pra arrebatar
abraço que deveras sustenta' alma
qualquer fazer que desnorteie a calma
silhueta num completo eriçar
com olhar de insensato enamorar
sorriso de uma pronúncia estorvada
também com poros de fala suada
silhueta num completo eriçar
como banho de impulsos e desejos
arrepios de um intenso querer
marcas da verdade desses anseios
numa ardência que não vale esconder
um futuro não só em devaneios
uma vida que foi sacro escolher

a definição

o harmónico cantar dos rouxinóis
a resiliência do astro do dia
o bem que chega depois, mesmo a sós
a minha perdurável alegria
estás na beleza dos girassóis
bem na veemência da poesia
és a mais pura verdade dos dois
és a razão de toda essa magia
carregas alma como a dos heróis
tens coração que suscita euforia
incorporas engenho de entredois
contigo, medo algum é minha voz
fazes-me crer no Filho de Maria
destemer o ignoto e também algoz

a tradução

crê que excesso é nosso acontecer
oh, não teve ainda a sorte de viver
ainda não levantou da reles morte
ainda é homem de âmago pobre
pungente-sujeição tens em teu ver
infelizmente custa-te entender
ainda não pudeste viver tal sorte
até agora és um ser somente
que é desvairo é teu descrever
queira deus um dia venhas a ter
queira deus também te seja na carne
ser-bloqueante é teu defender
claramente precisas desprender
queira deus também te seja verdade

o precedente

assim tão certo?! não houve outro antes desse assim intenso?! não tive um de exemplo não experimentei em nenhum outro tempo eu? nem já igual, nem só diferente favor não chamar meu amor de adjacente nem já no direito nem só no esquerdo ah! não há nenhum outro que chegue perto a nenhuma espécie comum pertence o coração já teve outro ocupante mas nada mais que bondoso inquilino pois esse espaço aqui sempre foi dele não o trate por nada senão perene pois esse amor que finalmente vivo é felicidade sem precedente

o encantamento

ainda não sei precisamente como
se foi a calma do rasgar dos teus olhos
ou o teu belo sorriso dentre os outros
mas sei que dói de jeito prazenteiro
vezes penso no conforto do abraço
a primeira vez que unimos os corpos
quando permutamos os nossos cheiros
esse que até hoje atesta o meu olfato
o que aconteceu naquele momento
se foi a forma como nos entrajamos
ou a vontade de rasgarmos aquilo
até agora nem a mim convenço
ainda assim sempre aumentam os encantos
com beijo sendo o único relato

o sublime

é de pele que também envelhece
de beleza que também se converte
mas ele se assemelha à nenhum
ah sim! meu amor é mesmo um incomum
ele também chora pelo que perde
ele também dança quando consegue
mas ah, está longe de ser só mais um
certamente ele é mesmo incomum
também carrega um coração carente
também deseja algo que o deixe quente
mas claramente ele é incomum
ele também sorri pelo mais leve
ele também crê na felicidade
mas é sublime, conforme nenhum

o subtil

gota a gota se despedia abril
dois ansiaram, loucos por um beijo
distância como inimigo subtil
amaram, indiferentes ao espaço
escamas, âncoras, e tempo hostil
afrontaram, amuados com o tempo
mar, nada mais que um inimigo subtil
amaram, indiferentes ao vento
mar largo, penúria, sempre um anil
um vasto céu se dando como estorvo
mas neles, sempre o desejo febril
só para eles, um furacão servil
se pôs ao alto, e embebeu cada corpo
e neles, um amor sempre gentil

o amém

eu o vi como parte de mim, e bem
tive medo, mas jamais duvidei
notei nele linhas que outrora orei
de longe, inegavelmente meu amém
não pelo que outro não tem, quiçá tem
simplesmente o que só nele encontrei
a verdade que logo constatei
pelo sorriso sem qualquer porém
eu o vi, e agora, certo como ninguém
tal e qual a prece que encaminhei
tão certo como só do céu provém
não, não é pelo maçante vaivém
mas é exactamente o que busquei
tão certo como só do céu provém

a vitalidade

provavelmente sempre nasceu assim
com o laranja beijando o amarelo
também sempre houveram flores, e enfim
mas desgraçadamente, andava cego
do leste, seu cálido ser, e fim
de mocinho, às rugas de quas'ido
beleza que quase passou por mim
por desconsentir essa dor no peito
certamente sempre foram assim
muito lentas pros de coração falto
e idas, pra quem colo é seu coxim
do leste, seu cálido ser, e fim
um orgasmo que outrora só relato
agora, bem no meu tinto cetim

a culminância

por fim no regaço dos nossos elos
firme no abraço dessa intersecção
no absoluto du' quê nossa união
sim, bendição, finalmente chegamos
todavia não como outrora fomos
agora com um novo coração
perdidos em nossa própria razão
sim, bendição, finalmente encontramos
por fim no âmago do que sonhamos
jamais como qualquer outra ilusão
uma incontestável consagração
sim, bendição, finalmente já somos
certamente, a mais branda das monções
mais pungente de todas as canções

a asserção

pra sempre esse zelo será verdade
agora, depois, e muito além disso
tens minha vida como penhor, juro
isso sim vivo com sinceridade
pra sempre essa será minha vontade
teus braços, beijos, suspiros, e tudo
meus orgasmos te serão indícios, juro
isso sim vivo com sinceridade
quero que a vida em cada resfolgar
seja eu, tu e – de maneira eterna – nós
confirmação desse forte aspirar
nem morte, nem sequer o de depois
nada há que logre esse terno ansiar
isso sim sei muito bem, somos nós

o ademais

esse amor que deveras me consome
esse que me é como eterna fome
o mesmo que atesta meu falto cerne
esse amor é de teor excedente
assim de esbrasear-me por completo
só o que por ele levo no peito
afecto que é seu próprio sustento
realmente meu querido portento
pra resistir o tardar do porvir
pra cuidar-me do meu próprio querer
só o amor que me permito sentir
esse amor que deveras é meu ser
exclusiva razão do meu existir
único de todo outro alvorecer

um infinito

vejo o fogo que nos arde como amor
admiro com expressões do coração
louvo aos céus por tamanha dor
demais é a resposta da minha oração
eterno é todo o tempo de agora
momento para amar como mariposa
amar como se não houvesse aurora
rezar como se já vivesse a resposta
wilson, ilustração perfeita do criador
imagem do seu dia de casta paixão
linguagem dum âmago sem temor
som jubiloso pela união venturosa
o carinho que a outro jamais daria
no infinito d'algo que jamais trocaria

um mais

além duma dor nua, também crua
longe de declaração novelesca
és além dessa oração respondida
muito mais que uma promessa rendida
dos ósculos primeiros aos outros
um bem depois do outro, tantos certeiros
mundos ainda pra lá do conhecer
anelos, fulgor, completo viver
do ovante sol à muanda que tens
o excesso do chegar dos meus améns
razão pra recear porém nenhum
nosso é nada como as miragens
um mais tão mais e sem lorpas paragens
a vida cabível em sonho algum

um regaço

assente no refolho do teu ser
quente, candente; sim, incendiado
um que nenhum outro se há igualado
inspiro certeza desse viver
vivencio tamanho acontecer
oculto, abraçado à esse zelo
convencido de conforto perpétuo
êxito que não é sentir qualquer
tem ardência que esbraseia, que explode
e tem chaga, uma que prima o sentir
meu, teu; esse veemente venerar
paz é esse regaço que me acolhe
asilo pra todo esse consumir
zona pra nada senão tanto amar

um prodígio

a qualquer que deseje confrontar
medir a valência do seu querer
o empenho lhe será próprio perder
regem os céus a força desse amar
com o trivial não dá pra o valer
o que nos une é mais que falar
muito mais que outro simplório afirmar
ode dadivada pra comprazer
esse amor é de um só acontecer
laço que foi do criador seu atar
esse amor é de venerável ser
sê-lo vasilha é meu abençoar
incomum, e pudico enaltecer
meu prodígio, assim o seu apreciar

um cântico

poema de linhas enamoradas
oração feita de versos contentes
ecos desses suspiros aspirantes
momentos de estadias demoradas
assim, as nossas canções entoadas
em sonhos de existências permanentes
nesses hinos de quereres vibrantes
assim, as nossas paixões declaradas
mesmo com notas tão desafinadas
oitava de sensações penetrantes
ruídos de entoações bem pungentes
anúncio das palpitações eternas
das causas cada dia mais ferventes
o salmo dos tempos mais veementes

um sentir

você no existir dos meus arrepios
essência da fulgência que me banha
senhor essa insatisfazível sanha
testamento dos mais solenes gritos
inerte desde os olhares primórdios
regendo o fluir da sensação estranha
aparentando ser nada mas manha
retenção dos sentimentos afoitos
reluzente é todo esse sentir
essa impressão de uma vida profunda
própria desse querençoso existir
incauto anseio que agora me inunda
ocasiona querer de repetir
sentir que profundamente transfunda

um existir

vivo acometido pela paixão
intensa vontade do teu regaço
vivo querendo divino entrelaço
esse aperto causante de monção
rezo aos altos por uma emoção
espero com o calor do meu abraço
momento desse cobiçado enlaço
essa atadura feita com paixão
nada mais ambiciona minh'alma
com um soneto assim ela se encanta
abraça como único existir
nada mais ambiciona minh'alma
ternas linhas causam nó na garganta
ocasionam um belo existir

um ceder

dentro de mim, um intenso querer
amor impossível de atenuar
dentro de mim, nada que vá minguar
o que agora não receio ceder
suspiros saem ao te pensar
embrulham minha pele em arrepios
marcam minha figura com tais frios
ratificam meu desejo de dar
e se amar assim muito é loucura
se ceder minha vida é delírio
enquanto viva será minha jura
rogarei à vida pra ti fartura
viverei mesmo tamanho delírio
até expirar comigo essa jura

um confiar

não que desconheça forte pesar
ofuscos também ficam alguns dias
quimera turvam minhas alegrias
urgem breve desaguar do meu olhar
e mesmo assim, cedo meu cofiar
pago meu querer com tais agonias
olho pro que me causam as magias
desde que fomente querido amar
entre inquietação e tamanha sede
recolho-me na força do desejo
ávido por um apego que cegue
sem recear o que pesa e sucede
entrego meu âmago num despejo
rumo ao que agora se desconhece

em harmonia

íntimos ligados, assim os nossos
no viver dos suspiros emanados
também nesses olhares já quas' idos
idílio de sentimentos colossos
mistura de vividos e ansiados
oásis onde deleitam as almas
sol, sonhos, sonetos e outros poemas
luzindo nossos íntimos ligados
imersos nessas linhas amorosas
geramos tão suaves melodias
abrolhando tais miradas ciosas
dançando então essas notas melosas
ostentamos indícios de bons dias
sol, sonhos, fortunas nada custosas

em demasia

não há ainda poema que fale dele
os ritmos também não cantam seu ser
sublime é pouco pra o descrever
sua existência não tem essa pele
o sentimento que de nós expele
e a sede que nos faz acontecer
merece notas ainda por fazer
demasiado é o valor dele
esse amor que felizmente nos cega
merece mais que alguém que o compreenda
alguém que, numa linha, o resfolega
servi-lo em rimas afáveis não chega
idóneo é deixar que se desprenda
amor assim nem o espírito agrega

em verdade

um amor de deixar ir; esse o meu
medo não leva coração, não o teu
amo-te mesmo e tanto assim, sem fim
mas esse anseio não estreita, não assim
o que tenho é lídimo, tão assim
ramo dum intenso querer, sem fim
sentimento rendido pelo teu
em verdade declaro: você é meu
meu dormir, acordar, instante algum
igual a nenhuma outra verdade, essa
gestos, poemas, canções, nada expressa
um amor sem igual; como nenhum
amor que não se encontra em novela
laço de existência intensa e singela

em juramento

um cuidado conforme à verdade
mas sem ser mais uma mera promessa
agrado como tudo o que interessa
mas sem ser ilusão de imensidade
olhar querençoso e sem tempestade
rosto com o que o coração professa
com o que todo esse pulsar confessa
o almejo é cingir nessa verdade
morar nas veras desse juramento
prender-se na força desse desejo
luzir a poesia desse ensejo
espero, com isso, mais que momento
tempo além de todo além que farejo
o que deixo aqui é todo esse almejo

em totalidade

nada, mas a negrura que me veste
um arrepio causando outro, tantos
anseio no guardador dos encantos
tudo isso numa natureza agreste
um existir que finalmente preste
anelo fortes prazeres, uns quantos
como residente dos meus recantos
ousadia do querer que te veste
murmure todos segredos insanos
provoque puros e profundos danos
leve essa alma a um inédito viver
em totalidade; nada a conter
todos esses desejos levianos
anexos aos cumpridos enganos

em ti

com espírito das minhas entranhas
o querer obviamente aparente
nódoas d'alma latente; fervente
fragmentos das orgásticas façanhas
intenso como o riso que arreganhas
agonia da minha parte quente
rastros de momento super-ingente
sublime feito orgásticas façanhas
em ti, depositando meus suspiros
matando todas as indecisões
multiplicando todas sensações
em ti, perenizando meus cheiros
deixando prazerosas impressões
o querer, sem quaisquer indecisões

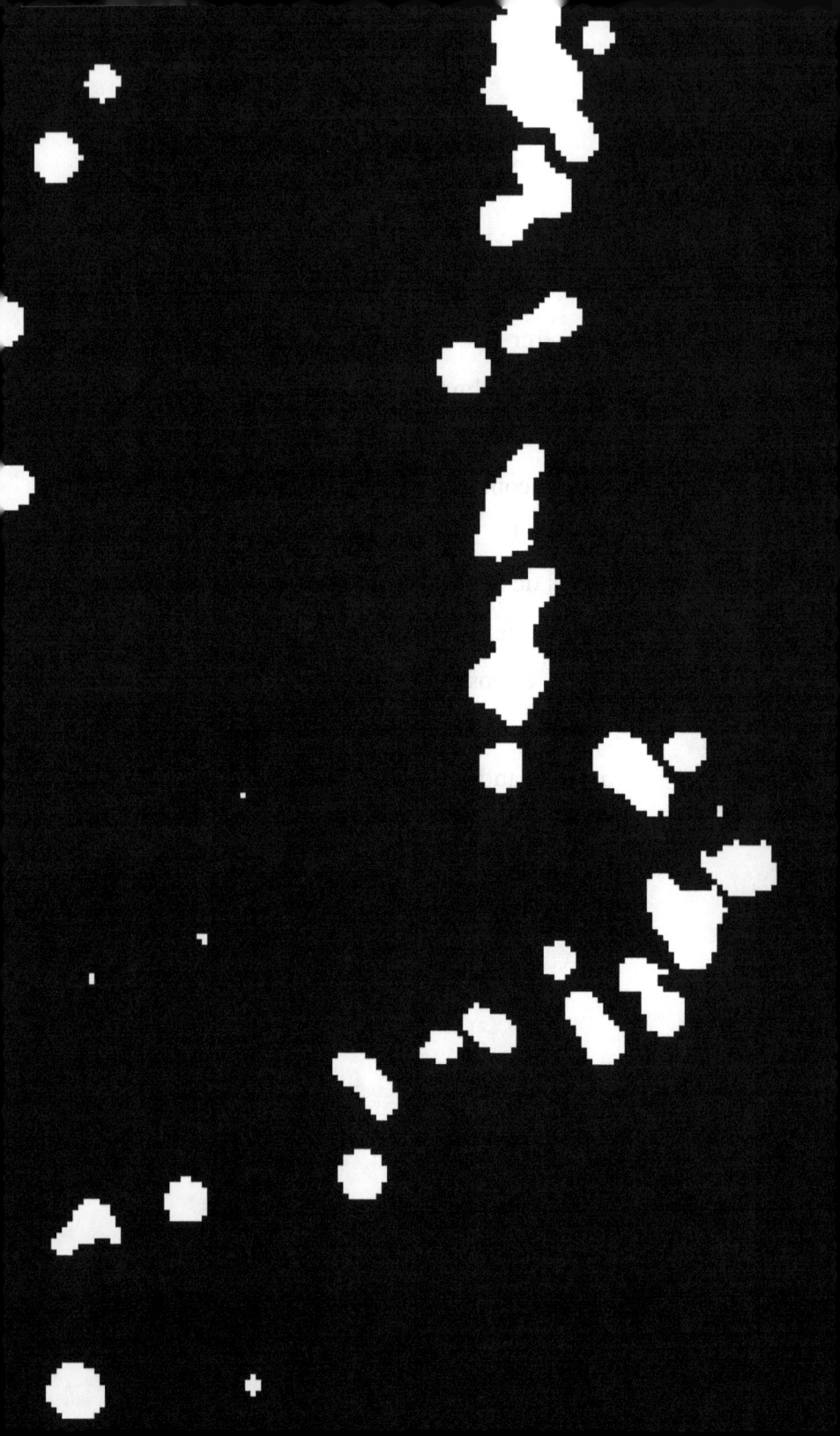

uma noite

banhados com bafos de cobradores
embrulhados num abraço ainda tímido
cobertos por céu negro e sem sabores
num beijo primeiro como vivido

entregues à desejos impensados
apressados pelo chegar da noite
separando dois corações alados
esse como nosso primeiro açoite

malditos por confiar no porvir
atordoados pelas só promessas
deixamos a vida ter seu próprio ir
mas atrasaram-se suas remessas

essa noite aliviou nossos medos
prometeu-nos veementes segredos

uma ambição

assim como céus querem as estrelas
como o bravio mar banha as sereias
tal como veleiro quer suas velas
almejo dimanar por tuas veias

tal e qual dia e noite estão ligados
desejo uma existência unificada
assim como a tristura tem seus fados
como vida só se parece nada

o depois inquietará nenhum
sem prenúncio como nosso tropeço
apenas amostras desse incomum
porquanto outra verdade desconheço

digo: minhas palavras não são reza
pois por si só ele já é pureza

uma viagem

vá com calma, faz com alma, e apalma
percorra larguras dessa avenida
meu insano querer só você acalma
sê essa a romagem da minha vida

berros, gemidos, mudos e desnudos
numa viagem de jamais voltar
emagrentar dos meus feitos carnudos
faça minha força nunca voltar

mas dispenso promessas novelescas
emudeça cada um desses enganos
o nosso não será dessas burlescas
o que busco são momentos insanos

vá sem pressa, faz sem regra, viaje
que não sobre costura nesse traje

uma certeza

é amor que deixa a pele macia
faz até a noite ser piedosa
dor que provoca sublime alegria
cadenciosa é a nossa prosa

não desconfio desse sentimento
sem mais realidade que convença
sem outro tão desejado momento
é sem dúvida a minha sentença

conheço na pele muitos enganos
sei de dores que nunca calaram
na minha mirada não tenho panos
mas sou dos que muito já amaram

reconheço querer incomparável
e nos pertence um tanto inegável

uma promessa

prometo ser-te sorriso diário
prometo beijos com cada raiar
prometo não deixar-te solitário
prometo vida somente de amar

prometo doar-te prazer referto
prometo miradas de retesar
prometo florear todo deserto
prometo vida de sempre versar

prometo deveras tentar cumprir
prometo jamais parar de tentar
prometo não deixar dor impedir
prometo ser um perene arriscar

prometo respirar essa promessa
prometo ledice que jamais cessa

uma entrega

entrego o sobrevir desse desejo
entrego-te o morrer da minha calma
entrego a existência do meu latejo
entrego-te todo teor da minh'alma

entrego o acalorar dos meus abraços
entrego-te todos os meus orgasmos
entrego também todos os cansaços
entrego-te até meus entusiasmos

entrego a razão da minha fulgência
entrego-te riso e também tristeza
entrego minha completa vivência
entrego-te isso com toda certeza

entrego a integridade dessa entrega
entrego-me como própria entrega

uma união

um largo sorriso que vem por nada
pranto por recordar quem nunca foi
frios que tornam a alma congelada
sentimento que no fundo corrói

até da própria sombra ter ciúmes
detestar mar, tempo, engarrafamento
tudo que nos venha criar entraves
ou aferventar todo esse sentimento

mas é exactamente o que se quer
as ondas do mar que falam de amor
o bem que o tempo faz acontecer
mesmo a ansiedade de condutor

portanto também se liga por isso
pela perfeição na imperfeição disso

uma alegria

esse sorriso que sai só por sair
agitar interno com calmaria
frio que só acaba se despir
amor castiço é essa alegria

esse calor que é o próprio afecto
casamento só de corresponder
como versos dum divino soneto
amor castiço é esse prazer

esse ser também pode magoar
e doer como maior dos pesares
mas é também motivo de lutar
encarar destemendo brutos ares

amor castiço tem esse teor
felizmente é também regedor

uma vida

os arrebatamentos da minha alma
todas essas jornadas divinais
completo desfazer da minha calma
aquando dos fazeres desiguais

essa gozação pra lá de mortal
sem outra para ver como mais bela
a entrega, livremente e sem moral
isso é vida que só louco anela

contudo, eu sim o conheço na pele
prazer que só *deus* experimentou
e sem poesia que tão bem conte
música que jamais alguém cantou

o inexplicável da minha existência
é a sua mais absoluta essência

com salmos

se de olhos abertos mar é pavor
adormeça-os e siga seus ruídos
o sovar das ondas não será dor
sentirás meus abraços incluídos

se tempo moroso te perturbar
e nem mais tal esperança valer
cada noite cega te vai acalmar
os sonhos serão salmos de querer

claramente conhecerás tormento
igualmente bons e belos instantes
mas até agrura trar-te-á perto
eventualmente nossos cantares

e finalmente só dias com salmos
um poema para todos os pasmos

com rogos

saberás da minha pura chegada
berrando que pode mesmo matar
se de lágrimas estiver banhada
vamos apenas sorrir ao olhar

todas as marcas do vivido agrado
estarão nesses berros demorados
conhecerás enfim esse meu lado
confuso em vestidos abotoados

de mim não terás juras triviais
nenhum dos gritos será ilusão
apenas as preces mais divinais
perturbarão o lugar do teu calção

revelarei os limites desse enlevo
com os rogos que para ti sublevo

com loucura

eu vou sugar o corpo dos teus lábios
eu te vou tocar com todo desvairo
será sim como loucura dos sábios
como brisa ligeira por ti pairo

nesse abraço conhecerás resguardo
amor nenhum será suficiente
para todo prazer em que te enfardo
esse merece um nome diferente

mas tal não vai ser outra poesia
vais experimentar uma loucura
e com essa bravia melodia
vou evidenciar a amada candura

será sim sentimento de iludir
mas com insânia sem como medir

com cumplicidade

esses olhares que nos acanham
obrigam a chegar no fundo da alma
realçar o que todos desdenham
e com esse medo banhar a palma

nos finos abraços que encabulam
longos, sufocantes e singulares
instantes que também estiolam
igualmente cúmplices desses ares

apenas se formos isso pra-sempre
se prometermos encontrar enfim
juras pra jurarmos nesse pra-sempre
e também lutarmos pra isso enfim

com cumplicidade sem algum zelo
com cumplicidade e devoto ao elo

com proventos

ver o amanhecer mais acentuado
sorrir ao chegar outra ilusão
se queres viver esse resultado
dá-te aos anseios do coração

só o amor é senhor desses agrados
e dá a quem exige impetuoso
portanto, faça teus bens aflorados
lucre um viver pra lá de frutuoso

essa verdade de afáveis proventos
apenas com entrega sem fraqueza
como bailar despido pelos ventos
à um final com a mesma beleza

sem suspiros ou com adeus escrito
pois pra ter amor também há atrito

com tudo

vejo-te com leveza de criança
com certeza de cada alvorecer
sinto-te como volúpias da dança
realmente és o meu enlouquecer

tenho-te como nada a definir
como uma vida toda por si só
sei-te com realce de não mentir
deveras meu rosto dispensa pó

levo-te como viúva seus prantos
como se só valessem os sorrisos
dou-te esquecendo uns quantos
certamente não sei mais paraísos

quero-te com calor de sobretudo
sinceramente quero-te com tudo

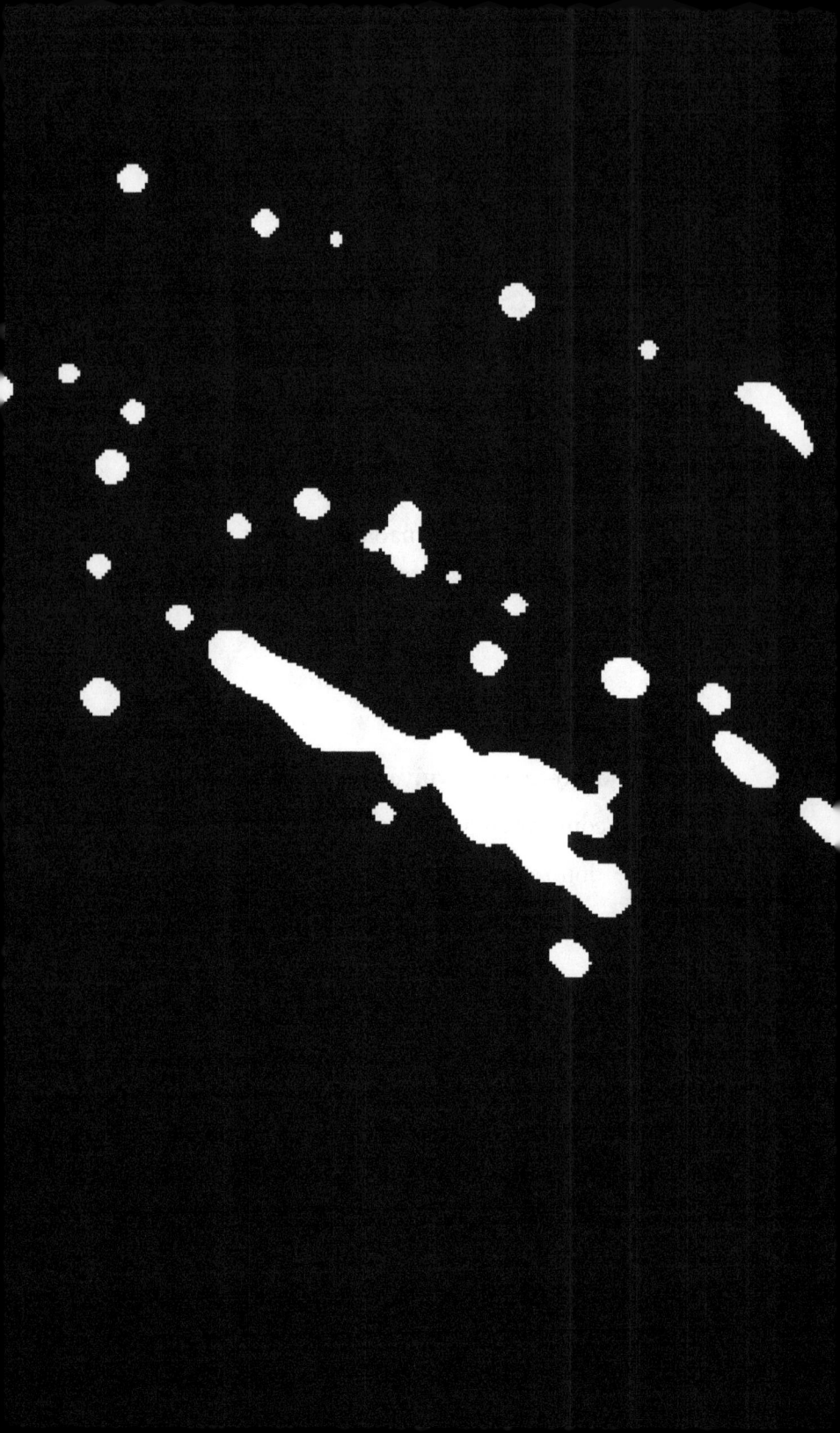

pelo sonhado

essa distância que açoda minh' ânsia
o mar, suas ondas e a vastidão
os dias, as horas, e a duração
agonia pela maldita instância

mesmo se a sufocante circunstância
for para sempre minha condição
sem importar qualquer sofreguidão
confiarei na força da constância

pelos sonhos que juntos ansiamos
confiarei no ser de cada dia
aguardarei o que juntos aspiramos

só me importará a nossa alegria
finalmente o chegar do que rezamos
ficarei até viver esta magia

pelo firmamento

trocamos olhares, muitos olhares
sorrimos, abraçamos, desejamos
com o silêncio mesmo declaramos
e nós nos achamos entre milhares

hoje tem estradas e grandes mares
tropeços que jamais antecipamos
mais do que inicialmente louvamos
e sempre cremos nos primeiros ares

esse não foi um começo de novela
não tivemos mero choque de lábios
mas suficiente pra eternidade

o firmamento foi de vida bela
até nos deixamos ser menos sábios
por ter essa como a nossa verdade

pelo ignoto

nas novelas são rostos lacrimosos
nas canções são notas altas e finas
nos poemas linhas de duras sinas
mas é pelos instantes portentosos

o peito receia tempos nodosos
apertos pelas expulsões franzinas
um respirar de dores vespertinas
mas é sim pelos instantes fogosos

é por toda essa ardência prazerosa
pelo frios, pelos medos; por tudo
ficamos pelo que desconhecemos

por todos sorrisos que largaremos
é pelo fim do sofrimento mudo
por existência no fundo vistosa

pelo estirão

da mirada singela e distraída
ao abraço simples e desigual
sensação de querer habitual
fora toda dúvida contraída

e essa significância atribuída
foi também pela vida sem igual
por essa ventura espiritual
que no coração se viu imbuída

amo-te demais e de tal maneira
que vi vida alguma longe daqui
longe da ligação que nos abeira

é sim verdade que jamais vivi
mas sinto como vida rotineira
e por ela mesmo me deixo aqui

pelo mar

vou mandar beijos nas palmas dos ventos
chegarão como chuva tempestiva
com um banho de impressão distintiva
conhecerás meus lábios opulentos

nas ondas estarão os meus juramentos
minhas promessas de essência afectiva
nenhum salmo sem linha purgativa
cantar-te-ei todos os versos mais bentos

na sua ira hospedará meus desejos
cada beijo será banho envolvente
o embater das ondas contra o teu corpo

por essa vastidão irão os bons ensejos
momentos que quero com alma quente
e essa ardência sentirás no teu corpo

pelo horizonte

nos instantes idos — o memorável
beijos quentes, abraços sumarentos
miradas firmes e sorrisos lentos
um horizonte de vida invejável

e lá no porvir — tempo inigualável
mais beijos, abraços bem opulentos
longos olhares e risos sedentos
um horizonte de vida adorável

o sonho é reconhecer tal sonho
no cancelar de toda essa distância
no suceder da vida antecipada

é alcançar para lá do horizonte
e ter o amor como sólida estância
e finalmente deixar de ser sonho

pelo vivido

quero voltar à primeira união
ao casamento dos nossos braços
ao desejo nos nossos regaços
quero difundir tod' essa paixão

pela constância do nosso refrão
pelos evos de todos os abraços
eu vou repetir aqueles pedaços
até, por fim, unir-nos a monção

as miradas que iniciaram tudo
as juras que fizeram essa vida
é por um existir rubro, veludo

é por toda a vontade compartida
que coloco o vivido como escudo
e encaro o futuro já destemida

pelo aperto

as noites parecem não terminar
os dias matam a tranquilidade
até o sol também é crueldade
hoje tudo é um forte pesar

as águas adiam nosso abraçar
próximo beijo é longa verdade
é um aperto de eterna saudade
e por ele mesmo vou suportar

o desejo no peito; todo o medo
as lágrimas rápidas e atrevidas
o frio que não é pelo cacimbo

por ansiar sentir esse segredo
voltar as alegrias já vividas
aperto pode se fazer carimbo

pelo sabor

beijaste-me com medo de perder
mas sem sufocar ao dar o abraço
não fui pra ti só mais um pedaço
evidenciaste o intenso querer

eu fui sem ao menos responder
sim, deixei-te só e duro como aço
mas não foi por litigar o melaço
meu âmago soube reconhecer

essa maldita vida nos traiu
o tempo se adiantou e me levou
deixando começo de bela história

mas nesse soneto a verdade saiu
uma vontade que você causou
o sabor do resto da nossa história

pela ansiedade

quero te amar com os olhos fechados
quero espremer bem essa tua bunda
quero te ter com os braços atados
quero deixar tua alma toda imunda

já quero produzir outros passados
eu quero ser quem tua boca inunda
com as palmas, ter teus pulsos atados
e orgasmos de segunda à segunda

que o sol encontre teu corpo cansado
mas que nem a lua roube o prazer
quero, pra sempre, você do meu lado

por isso, ainda que demore pra ser
mesmo com a ansiedade profunda
confiarei no próximo te-ter

pela veemência

não, por favor, não cante para mim
não exponha assim essa tua muanda
a minha não aguenta, deixa-la assim
quando você canta, calma desanda

não, por favor, não trove para mim
não quando finalmente ficou branda
rogo, não maltrate minha alma assim
quando você canta, calma desanda

seu pecado é te amar loucamente
amar tanto que sozinha não existe
tanto que não quer tua voz somente

então, por favor, prefiro ela triste
prefiro que sozinha ela lamente
pois ouvir só deixa muito mais triste

pela distância

entendo bem que a vida quis assim
que o tempo decidiu ser cruel
intrometeu-se o mar também, enfim
nem o contentamento foi fiel

a distância agora parece fim
mas eu não acomodarei esse tropel
essa ida não te vai afastar de mim
posso até me tornar teu menestrel

deixarei canções soltas pelos ventos
para que abril amacie teu rosto
e as notas se façam nossos alentos

essa distância não será desgosto
confio sim nos próximos momentos
é do teu lado que me vejo posto

pela canção

dedicaste-me a mais bela canção
causaste-me alegria sem igual
paz já não é sensação temporal
tal me provou teu terno coração

o que ontem foi solidão já não é
você me fez experimentar vida
uma vida completamente ungida
e bela — independente da maré

hoje é também por ela que fico
é por ela que espero impaciente
e resisto todos esses fustigos

pelo belo gravado nesse cântico
claro que o nosso nós é resistente
vai superar esses e outros castigos

pela alma

eu vou deslembrar a minha própria alma
pro meu corpo conversar com o teu
pra, enfim, satisfação ser nosso véu
assim contentamento nos acalma

vou encontrar felicidade de amar
esquecendo o que hoje é como essência
eu vou me desfazer dessa vil ciência
vou me entregar, dessa vez, sem pensar

sem onde, porquê, nem como; assim só
te amo intensamente—te amo somente
amo-te com presença—sem descrença

nem deus se atreve a negar nosso nó
porque esse não é amor incidente
é um que até com morte tem presença

pela existência

pela existência do primeiro olhar
pela existência da negação
pela existência até da hesitação
pela existência do medo de amar

pela existência do beijo primeiro
pela existência dessa ansiedade
pela existência até de insanidade
pela existência dum querer grosseiro

pelo ser de uma e doutra coisa assim
pela verdade das coisas mais simples
por isso também e por mais; te quero

pela vida da vida agora em mim
pela verdade das coisas mais simples
por tua existência; um sentir sincero

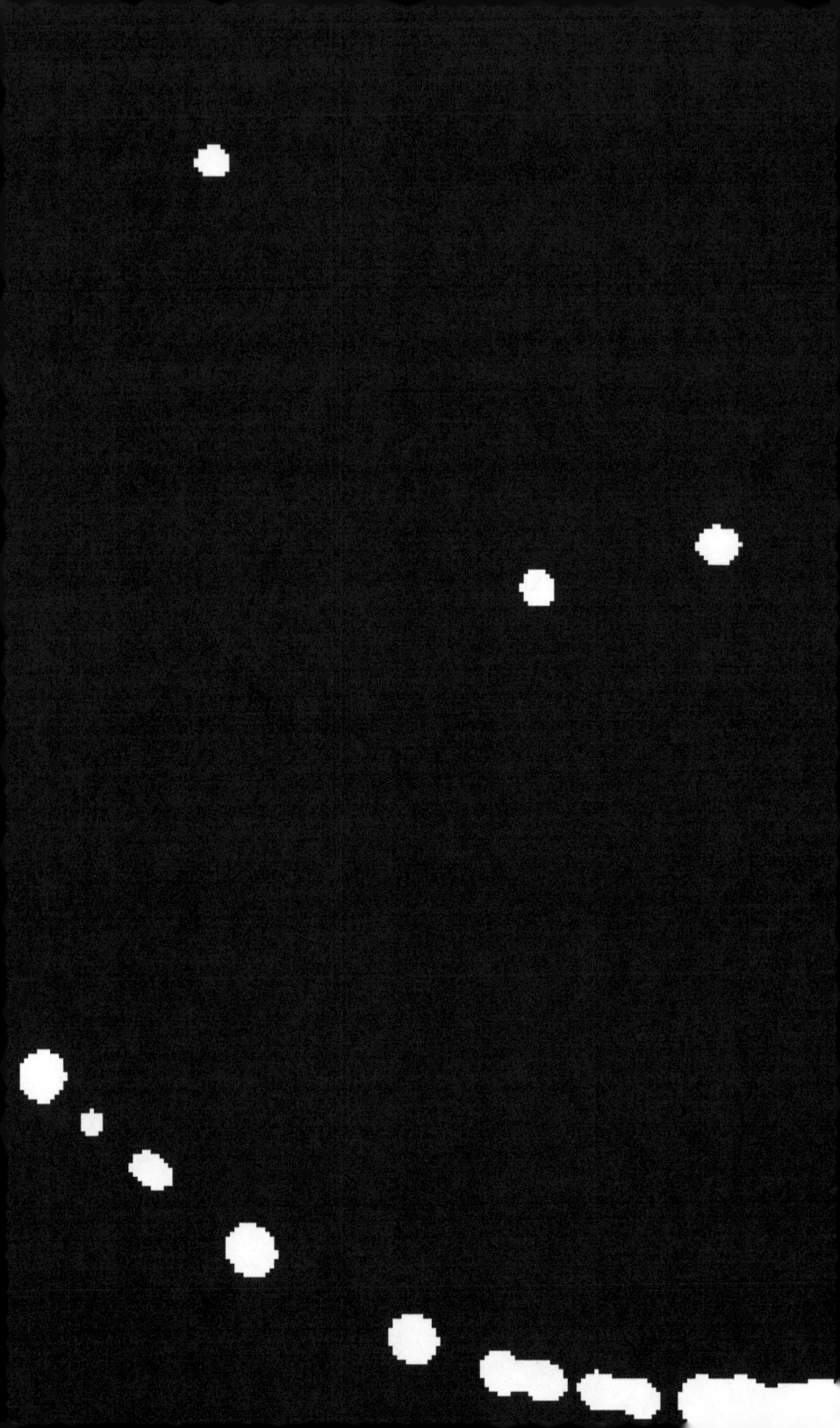

nessa imensidão

teu
sem
um
se

teu
por
um
sim

sem
ver
mais

teu
e
só

nessa imprecisão

sei
que
és
tu

bom
já
não
vem

sou
eu
teu

e
tu
meu

nessa declamação

meu
ser
vê
teu

teu
ser
no
meu

nó
de
nós

com
boa
foz

nessa rima

tem
tom
de
dor

tem
bem
de
flor

pôr
do
sol

um
fim
prol

nessa carta

céu

mar

e

eu

o

que

se

deu

o

que

vem

paz

que

tem

nesse instante

o
bem
que
quer

o
mal
que
não

o
que
é

só
o
não

nesse íntimo

uma
flor
sem
dor

em
cruz
sem
cor

sons
que
criei

tu
ser
quem

nesse exíguo

sem

o

que

quer

dói

'tar

ou

ser

bom

é

ter

bom

não

é

nesse poema

dois
que
são
um

em
um
bem
nu

e
se
bons

vem
mais
tons

nosso eclodir

o
sol
no
céu

em
prol
do
véu

mas
tal
luz

não
faz
jus

nosso nó

tem
mão
de
deus

vem
lá
dos
céus

só
pra
nós

nó
pra
dois

nosso soneto

tem

eu

e

tu

é

um

bem

cru

não

tem

mais

tão

só

nós

nosso amor

deus
eu
tu
só

dois
em
um
nó

se
dor
vem

a
nós
tem

A AUTORA

Cláudia vê-se na complexidade de artista, e por tal se abstém de se definir no singular. É de nacionalidade angolana; nasceu em Luanda em 1993. É académica de Pedagogia com ênfase em Educação Especial e vive mergulhada na arte de escrever desde tenra idade. Hoje, vai vogando com braços fortes por mares revoltos, porém, compensadores, marcando presença no mercado artístico nacional e internacional. Tendo já explorado uma variedade de géneros, Cláudia Cassoma estreou-se no mundo literário em 2013 com o poemário *Amores que nunca vivi*, sob chancela da editora norte-americana "Trafford Publishing". Quatro anos depois, presenteou-nos com "Pretérito Perfeito", um verdadeiro elucidário, como descreve Luefe Khayari (2017). As suas obras estão registadas na biblioteca do congresso norte-americano.

No seu repertório literário, além das publicações supracitadas, Cláudia tem outras publicadas em periódicos internacionais, como: The Red Jacket (E.U.A., 2014), The Sligo Jornal (E.U.A., 2015), Best New African Poets (Camarões, 2015-16), Antologia de Textos Premiados da AVL (Brasil, 2016), The Wagon Magazine (Índia, 2017), Teixeira de Pascoaes Vol.III Pensamento e Missão (Portugal, 2017), Concurso Literário de Itaporanga (Brasil, 2017) e The Best Emerging Poets Series (E.U.A, 2018). Ela revela-se um íman de prémios e condecorações, atraindo prémios literários como o Maria José Maldonado de Literatura (Brasil, 2016), o de participação no Concurso Artístico Teixeira de Pascoaes (Portugal, 2017), e o de participação no 6º Concurso Literário de Itaporanga (Brasil, 2017). Por conta do seu trabalho na área de liderança, Cláudia foi nomeada para o prémio "Líder Emergente" como testemunho da admiração de colegas e professores pelo seu trabalho na área. Isso, ao mesmo tempo que recebia a sua terceira medalha e o quarto certificado pela sua aplicação no trabalho social.

A mulher e pessoa em Cláudia Cassoma também desagua seus interesses, de forma incansável, nos serviços sociais, rendendo-lhe um número de certificados e medalhas incluindo o Certificado de Cidadão Diplomata outorgado pela Universidade do Distrito de Columbia em Washington D.C. o que a inspirou a aderir, de uma forma mais enredada, ao terceiro sector com a criação da SmallPrints, uma organização que fundou com a intenção de participar activamente na formação de uma sociedade justa e responsável pelo êxito da criança. Fazendo jus às suas certificações em liderança usou o seu gosto por lenços para criar e liderar eventos baseados nos princípios de empoderamento feminino estabelecidos pela Organização das Nações Unidas.

Embora a literatura esteja na essência da sua identidade artística, o talento e o potencial de Cláudia Cassoma distribuem-se na grande paixão por crianças, no serviço social, no activismo e noutras expressões artísticas. A menina que desde muito cedo experimentou e praticou a arte de escrever, hoje mulher, no seu longo, brilhante e desafiante caminho e com o seu elegante sorriso, nos diz que nem toda a guerra nos compele a levantar armas de fogo e a engolir berros, às vezes, basta o alvo papel com o contrário que se almeja (2016).

Auspiciosa, Cláudia segue caminhos que vão desde a arte da representação gráfica da linguagem aos que aproximam o mundo à sua metamorfose.

REPERTÓRIO LITERÁRIO

RESPONSABILIDADE SOCIAL

#FaçaOBemLendoMais
#FBLM

O objectivo do projecto **FAÇA O BEM LENDO MAIS** é incentivar a leitura promovendo práticas de interesse social e comunitário. Como parte desse processo, uma percentagem do rendimento dos meus livros publicados é doada a causas sociais que beneficiam a comunidade.

Este Livro

Proporção: 28%

Recipiente: Projecto Meu 'Eterno' Valentim

+Info: www.claudiacassoma.com/responsabilidadesocial

OS
SONETOS

o fénomeno _____ 15
a atracção _____ 16
a sensação _____ 17
a avidez _____ 18
a definição _____ 19
a tradução _____ 20
o precedente _____ 21
o encantamento _____ 22
o sublime _____ 23
o subtil _____ 24
o amém _____ 25
a vitalidade _____ 26
a culminância _____ 27
a asserção _____ 28
o ademais _____ 29

um infinito	31
um mais	32
um regaço	33
um prodígio	34
um cântico	35
um sentir	36
um existir	37
um ceder	38
um confiar	39
em harmonia	40
em demasia	41
em verdade	42
em juramento	43
em totalidade	44
em ti	45

uma noite _____ 47
uma ambição _____ 48
uma viagem _____ 49
uma certeza _____ 50
uma promessa _____ 51
uma entrega _____ 52
uma união _____ 53
uma alegria _____ 54
uma vida _____ 55
com salmos _____ 56
com rogos _____ 57
com loucura _____ 58
com cumplicidade _____ 59
com proventos _____ 60
com tudo _____ 61

pelo sonhado _____ 63
pelo firmamento _____ 64
pelo ignoto_____ 65
pelo estirão _____ 66
pelo mar_____ 67
pelo horizonte _____ 68
pelo vivido_____ 69
pelo aperto_____ 70
pelo sabor _____ 71
pela ansiedade_____ 72
pela veemência _____ 73
pela distância_____ 74
pela canção _____ 75
pela alma _____ 76
pela existência_____ 77

nessa imensidão _____ 79
nessa imprecisão _____ 80
nessa declamação _____ 81
nessa rima _____ 82
nessa carta _____ 83
nesse instante _____ 84
nesse íntimo _____ 85
nesse exíguo _____ 86
nesse poema _____ 87
nosso eclodir _____ 88
nosso nó _____ 89
nosso soneto _____ 90
nosso amor _____ 91

www.claudiacassoma.com

www.ingramcontent.com/pod-product-compliance
Lightning Source LLC
Chambersburg PA
CBHW070526030426
42337CB00016B/2118